T0113016

Ética de la apropiación cultural

Jens Balzer

Ética de la apropiación cultural

Traducción de
Alberto Ciria

Herder

Título original: Ethik der Appropriation
Traducción: Alberto Ciria
Diseño de portada: Toni Cabré

© *2022, Matthes & Seitz Berlin Verlag, Berlín*
© *2024, Herder Editorial, S.L., Barcelona*

ISBN: 978-84-254-5048-8

Imprenta: Liberdúplex
Depósito legal: B-2.414-2024
Printed in Spain - Impreso en España

Herder
www.herdereditorial.com

ÍNDICE

I. EL DESEO DE SER UN INDIO

Un fragmento de Franz Kafka de 1912:

> ¡Quién fuera un indio, siempre alerta, montado a lomos
> de caballo que galopa, inclinado contra el viento, vi-
> brando sin cesar sobre el retumbante suelo, hasta dejar
> los estribos, pues resulta que no había estribos, y hasta
> soltar las riendas, pues resulta que no había riendas, sin
> tener a la vista por delante apenas más que erial segado
> a ras de tierra, desaparecidos ya el cuello y la cabeza
> del caballo![1]

Recuerdo de una niñez vivida en los años setenta del
siglo pasado: el niño, que apenas acaba de aprender a
leer, ya se pasa días enteros, noches enteras, semanas
enteras de vacaciones enfrascado en la lectura de los
volúmenes encuadernados en verde de las *Novelas de
viajes* de Karl May. En su imaginación se deja llevar
por el Oriente, por el salvaje Kurdistán y por el lejano
Oeste de los Estados Unidos, que es aún más salvaje.

---

[1] Franz Kafka, «Wunsch, Indianer zu werden», en: *id.*, *Erzählungen*,
Fráncfort del Meno, Fischer, 1983, pp. 34 s.

En sus ensoñaciones recorre vastas praderas, asciende a cumbres boscosas y atraviesa profundos desfiladeros, bien lejos de los paisajes urbanos de esas ciudades provincianas, tan densamente pobladas, en las que transcurre su prosaica infancia. Sus héroes favoritos son Old Shatterhand, el aguerrido vaquero que imparte justicia por las regiones fabulosas pero sin ley del Nuevo Mundo, y su hermano de sangre Winnetou, el noble jefe de los apaches. Winnetou es fuerte y valeroso, pero también es sabio y tierno y vive en armonía con la naturaleza. Su cabello es largo y hermoso, de color negro azulado. Todo esto lee el niño en su cuarto. En la pared de enfrente cuelga un póster enorme, uno de esos carteles a tamaño natural que trae la revista juvenil *Bravo*, donde sale el actor francés Pierre Brice, que es quien encarna al jefe apache en las películas de *Winnetou*. En verano, el niño viaja con su padre al Festival de Karl May que se celebra en Bad Segeberg, en el estado federado de Schleswig-Holstein. Ahí hay un escenario al aire libre en el que se representan las novelas del salvaje Oeste de Karl May. Actores profesionales se disfrazan de indios y de vaqueros, pero además participan también muchos actores aficionados del pueblo. Adultos y niños se pintan la cara de rojo y se ponen ropa de ante con flecos, se adornan la cabeza con penachos de plumas y bailan danzas salvajes para invocar a Manitú. El Festival de Karl May es una forma elemental de teatro, en la que se desdibuja el límite entre el escenario y el público. Cuando los actores gritan algo, los espectadores replican también gritando. Algunas veces los espectadores disparan entre el público con las escopetas de petardos que se han traído de casa. Cuando acaba la función, a los niños los dejan correr hacia el escenario y darles zanahorias a los caballos, en los que acaban de galopar indios y vaqueros. El Festival de Karl May es como un Bayreuth para niños, una forma de arte teatral sin clases, una utopía estética.

Algo que sucedió en 2021: en la convención del partido de Los Verdes en Berlín le preguntan a Bettina Jarasch, la cabeza de lista en las elecciones a la presidencia del estado federado de Berlín, por su pasado biográfico. Debe decir algo personal y mostrar su lado más familiar. Una de las preguntas que le hacen es: «¿Qué querías ser antes de querer ser presidenta?». Ella responde: «Yo de niña quería ser jefa india». Eso provoca malestar entre los delegados. En los grupos de chats que están activos mientras se desarrolla el evento en el escenario, los usuarios denuncian que «indio» es un término colonial discriminante, que se emplea para referirse a personas de otra raza. Se exige que Bettina Jarasch pida disculpas de inmediato por haber empleado esa palabra. Y en efecto, no pasarán dos horas antes de que lo acabe haciendo. «Condeno las palabras que he dicho sin pensar, y condeno los recuerdos espontáneos de mi infancia que puedan molestar a otros», dice. «He empleado un término que a algunas personas les podría parecer discriminatorio en un sentido muy concreto. Por eso, hemos retirado esas palabras del vídeo de la retransmisión y, en gesto de transparencia, hemos indicado de forma expresa que el término ha sido borrado posteriormente». En la grabación de la entrevista que hay en YouTube ya no se escucha la frase «Yo de niña quería ser jefa india». En lugar de eso, aparece un rótulo que dice: «En esta parte del diálogo se empleó un término que denigra a los miembros de poblaciones indígenas. Por eso hemos eliminado esta parte. También nosotros seguimos aprendiendo constantemente y queremos seguir trabajando para depurar nuestros actos y nuestro lenguaje de patrones mentales discriminatorios».

Así montan hoy sus caballos galopantes, inclinándose contra el viento, quienes antaño soñaban con ser indios: primero se quedan sin estribos ni riendas; luego se quedan sin el cuello y sin la cabeza de caballo; y finalmente se pegan un tortazo contra el suelo de la realidad, que, por cierto, ya no se parece en nada a los terrenos salvajes de aquel fabuloso salvaje Oeste, con sus infinitas extensiones, sino que más bien semeja apenas un erial segado a ras de tierra.

¿Qué ha sucedido para que unos inocentes recuerdos de infancia se hayan convertido en una escandalosa discriminación denigrante? Esa es la cuestión que se debate tras el incidente que se produjo en la convención del partido de Los Verdes. Bueno, lo que se dice debatir, esa cuestión más bien no se debate. De hecho, no se debate en absoluto, pues, como era de esperar, el campo de opiniones enseguida se ha dividido en dos bandos irreconciliables. En un extremo están quienes piensan que la reacción a la frase de Bettina Jarasch es histérica, dogmática y antidemocrática. Uno se pregunta cómo puede ser que una frase tan inocente sea censurada tan dictatorialmente, y que encima obliguen a la autora de la frase a hacer autocrítica delante de todo el pleno reunido. ¿No nos recuerda esto a esos juicios públicos estalinistas, que estaban amañados antes de empezar? ¿No es esto una nueva prueba de que el partido de Los Verdes no sabe hacer otra cosa que prohibir? ¿Qué clase de país es ese en el que uno ni siquiera puede decir que de niño quería ser jefe indio?

En el otro extremo están quienes entienden que frases así pueden causar malestar, porque ellos contextualizan la fascinación que los blancos sienten por los «indios» en un marco histórico mayor, que va más allá de los sueños infantiles y de las fantasías de los cuentos, y que apunta a la historia centenaria del colonialismo. Cuando los blancos se disfrazan de indios, cuando se ponen plumas en la cabeza y se visten con trajes de flecos, y cuando encima se pintan la cara de rojo, están actuando como miembros de una cultura política, económica y militarmente dominante que se disfrazan de otra cultura, de una cultura distinta que los colonialistas blancos sometieron cruelmente y estuvieron a punto de exterminar. De nada sirve entonces afirmar que cuando se juega a los indios no se los pretende discriminar ni humillar, sino que, en realidad, se los estima y respeta como «hombres de honor» —por emplear la terminología del Karl May tardío—. Quien se pinta la cara de rojo para parecer un «piel roja» está perpetrando un acto discriminatorio, pues la piel roja de los indios solo existe en las fantasías coloniales de sus opresores y asesinos, igual que «el indio» como tal no existe más que como una fantasía colonial. En realidad, las personas que poblaban esas tierras antes de la posterior llegada de los colonizadores conformaban una inabarcable pluralidad de culturas. Solo se funden en una identidad étnica o racial cuando se los mira desde la perspectiva de los opresores: «indio» es una manera de designar al esclavo.

Considerándolo así, algo supuestamente tan inocente como jugar a los indios, ese juego que despierta en los niños el deseo de ser jefes indios, es, en realidad, un caso paradigmático de apropiación cultural, de *cultural appropriation*. Fue la jurista Susan Scafidi quien, en su libro *¿De quién es la cultura? Apropiación y autenticidad en las leyes estadounidenses*, editado en 2005, formuló la definición pertinente: «La apropiación cultural se da cuando uno recurre a la propiedad intelectual, a los saberes tradicionales, a las expresiones o a los artefactos culturales de otro para satisfacer así su propio gusto, para expresar su propia individualidad o, simplemente, para sacar provecho de eso».[2]

Según esta definición, quien perpetra una apropiación cultural se está adueñando de algo que no le pertenece. Así pues, la apropiación conlleva siempre una expropiación, un robo, un acto ilegítimo. Cuando en los años setenta un niño europeo se disfrazaba de indio, a imagen de las figuras de los cuentos de Karl May, estaba cometiendo una injusticia con los modelos reales en que se basaban esos personajes de los cuentos, porque recurría a las «expresiones culturales» de

2 Susan Scafidi, *Who Owns Culture? Appropriation and Authenticity in American Law*, New Brunswick/Nueva Jersey/Londres, Rutgers University Press, 2005, p. 9.

ellos para «expresar su propia individualidad». Según la definición de Scafidi, quien entonces hacía eso no podrá alegar ahora como circunstancia atenuante que en aquella época solo tenía 7 años. Como mínimo, tal como exigían los delegados de la convención del partido de Los Verdes en la primavera de 2021, debería «reflexionar», como el adulto que es hoy, sobre cómo sus propias fantasías infantiles lo hacían culpable de involucrarse en la historia del colonialismo blanco.

Pero en vista del objeto de la causa, ¿no será quizá algo exagerada la severidad de esta crítica? Se podría plantear esta pregunta. La definición de Susan Scafidi revela además otro problema: «La apropiación cultural se da cuando uno recurre [ilegítimamente] a [...] las expresiones o a los artefactos culturales de otro». Es decir que, tal como lo entiende la jurista Scafidi, existe algo así como un derecho de propiedad sobre expresiones culturales, que convierte a algunas personas en sus propietarias, al mismo tiempo que declara simplemente ladrones a quienes «recurren» a esas expresiones culturales, apropiándose de ellas para un carnaval o para disfrazarse, para citarlas o para parodiarlas, en forma de homenaje o del modo que sea. Por un lado, esta definición es excesivamente rígida. Da a entender que se pueden trazar límites estrictos entre las culturas, de modo que, o se pertenece en cuerpo y alma a una cultura o, de lo contrario, uno se enfrenta a ella como «alguien totalmente distinto» y como un completo foráneo. Por otro lado, Scafidi no define los criterios según los cuales se puede determinar esta pertenencia cultural. ¿Quién podría decir de sí mismo que pertenece en cuerpo y alma a una cultura determinada, y que por tanto está capacitado para decidir inequívocamente quién es «de los nuestros» y quién no? ¿No nos lleva esto por la vía de una lógica cultural de la identidad, que recientemente han propugnado sobre todo los defensores de un «etnopluralismo» restaurativo o incluso reaccionario?

En el caso que describimos al comienzo, parece que este problema se resuelve fácilmente por sí mismo. Está claro que los europeos blancos no son indios, y que tienen poco que ver con las tradiciones culturales que crearon las primeras personas que se establecieron en Norteamérica, durante los siglos previos a su colonización. Por tanto, en este caso se puede trazar una clara línea divisoria entre dos culturas... suponiendo que a esos indios con los que se sienten identificados los niños que son fanes de Winnetou los consideremos representantes de una cultura real, y no personajes de mitos y cuentos sin ningún correlato real. ¿Acaso los indios de Karl May no son, ante todo, un producto de la imaginación, de cuyos derechos de propiedad son tan titulares (o tan poco titulares) sus propios creadores como los habitantes indígenas de Norteamérica, que, de hecho, *no* se reconocen en los apaches y los comanches de las novelas de Winnetou? Con esto habríamos llevado la pregunta por la legitimidad de las apropiaciones a un nivel distinto. Sin embargo, de ningún modo la hemos respondido, pues son justamente las imágenes que crea la fantasía las que pueden tener carácter racista, o en general discriminatorio, cuando ayudan a forjar o a consolidar

estereotipos. Incluso apropiaciones aparentemente inocentes, como la fascinación que sienten los europeos
por los «indios y vaqueros», pueden ocultar hondas
motivaciones reaccionarias o revisionistas de la historia. En el cuarto capítulo de este ensayo explicaré por
qué sucede esto.

Pues bien, los colegiales europeos que se disfrazan
de Winnetou y de otros indios (sacados de cuentos)
no representan más que uno de los muchos casos
de apropiación cultural sobre los que se ha debatido
en los últimos años. Casi se podría decir que apenas
transcurre una semana sin que, de nuevo, alguien sea
acusado de haber usado ilegítimamente la «propiedad
cultural» de «otro». Se acusa a los blancos de apropiación ilegítima cuando se ponen rastas, ese peinado
que se asocia con una tradición cultural caribeña y
jamaicana, ya lo hagan para expresar su admiración
hacia ídolos emancipatorios jamaicanos como Bob
Marley o por cualquier otro motivo. Si un blanco se
presenta vestido con un kimono, el traje tradicional
japonés, lo abochornan, como le sucedió a la cantante
Katy Perry en los Premios American Music de 2013.
Pero también son abochornados los negros si aparecen con pintas de luchadores chinos de artes marciales,
como le sucedió al rapero afroamericano Kendrick
Lamar cuando, con motivo de la edición de su disco
DAMN en 2017, se presentó como «Kung Fu Kenny».
E igualmente se abochorna a las artistas asiáticas que
se hacen peinados de trenzas africanas, típicas de la
tradición africana y afroamericana, como les sucedió
a las componentes del grupo de K-pop Blackpink.

En cada uno de estos casos se pueden encontrar motivos por los que un determinado tipo de apropiación cultural parece inadecuado. En algunos casos, la indignación —alentada un poco también por las redes sociales— puede ser refutada con argumentos. En muchos casos se tiene además la sensación de que la irritación ha sido azuzada intencionadamente, para provocar la impresión de que «las izquierdas» son hoy las que realmente combaten la libertad de opinión, pues siempre andan queriendo prohibirle a alguien algo que, en realidad, es un derecho humano, como por ejemplo hacerse el peinado que a uno le plazca. No obstante, en vista de esta serie de casos, que no dejan de aumentar, se tiene la sensación de que el debate sobre la *cultural appropriation* hoy ya solo gira en torno a las críticas y a las prohibiciones, y de que ese debate se está desarrollando principalmente, si es que no exclusivamente, en forma de discursos prohibitorios. Por muy evidentes que puedan ser en cada caso concreto las objeciones contra la apropiación de tradiciones culturales ajenas, todas esas ganas de prohibir chocan no obstante contra la sensación, igual de evidente, de que no hay tales cosas como tradiciones culturales idénticas a sí mismas y no abiertas a nada externo, ya que todo tipo de cultura siempre ha surgido ya de la apropiación de otras culturas, y porque la creación, la dinámica y el desarrollo culturales simplemente son inconcebibles sin apropiaciones. Cultura es apropiación, y más aún en un mundo caracterizado por la globalización de la comunicación y de la producción cultural. Desde que los medios electrónicos de masas, y especialmente internet, permiten que esté disponible toda imagen, todo sonido y toda forma de autoescenificación que se produzca en el mundo, uno puede buscar en todo momento inspiraciones, estímulos o desafíos en cualquier «artefacto cultural» (Susan Scafidi) de la tradición que sea. Y que esto sea así supone, antes que nada, un aumento de las posibilidades y de la libertad individual, artística y existencial.

La apropiación es una fuerza creativa, capaz de generar cultura. Pero, al mismo tiempo, presupone regímenes de poder e implica situaciones de explotación. Cabría replicar que eso mismo se puede decir de toda forma de cultura. Pero esos regímenes de poder y esas situaciones de explotación resaltan con especial claridad en determinadas formas de apropiación, como las que se produjeron durante la violenta historia del colonialismo. El teórico del poscolonialismo Paul Gilroy ha descrito en su libro *Atlántico negro* cómo los colonizadores usurparon y explotaron —y lo siguen haciendo hasta hoy— las culturas de los antiguos esclavos y de los pueblos colonizados: en cierto modo, este sería el modelo paradigmático de toda crítica a la apropiación que pretenda ser fundamental. Sin embargo, tal como nos explica el propio Gilroy, la cultura del Atlántico negro no es un buen ejemplo para ilustrar una crítica a la apropiación que tenga base jurídica, como la que propone Sudan Scafidi: una crítica así debe tomar la cultura como una propiedad, y por tanto debe entenderla como la expresión de un sujeto colectivo homogéneo que no se abre a nada externo. Pero justo eso no se puede decir de las culturas del

Atlántico negro, que precisamente se caracterizan por ser híbridas. Esas culturas, que se vieron forzadas a desarraigarse, constituyen ahora una rica cultura en la diáspora en permanente estado de transformación, así que representan justamente lo contrario de esa otra cultura que Gilroy denomina «nacional».[3] Lo cierto es que Gilroy hace un uso provocativo de este concepto, que encima él designa con el término alemán *völkisch*. Lo que habría que preguntarse es, más bien, si todo enfoque que no vea en la apropiación más que algo negativo que hay que criticar y prohibir no nos lleva forzosamente por la engañosa vía de una lógica de la identidad, que finalmente desemboca a su vez en la idea de lo nacional. Quien no quiera dejarse llevar por esa engañosa vía deberá desarrollar la crítica a la apropiación ilícita partiendo de una definición de la apropiación lícita, o dicho de otro modo: solo puede entenderse a fondo la esencia dialéctica de la apropiación —su fuerza creativa, capaz de generar cultura, y su implicación en los regímenes de poder y en las situaciones de explotación— analizándola desde un enfoque ético. En el capítulo siguiente quiero ofrecer algunas propuestas sobre cómo podría ser ese enfoque.

3 Paul Gilroy, *Atlántico negro. Modernidad y doble conciencia*, trad. de José María Amoroso, Madrid, Akal, 2014, p. 30.

2. APROPIACIÓN Y CONTRA-APROPIACIÓN

Últimamente, los debates sobre la apropiación cultural se han desarrollado sobre todo en forma de discursos prohibitorios. Lo mismo sucede con los debates afines sobre la «cultura de la cancelación», que a veces se solapan con aquellos. En un extremo están quienes abogan por una mayor sensibilidad en el trato con las culturas de grupos marginados, sensibilidad que exhiben criticando las apropiaciones ilícitas, pero sin explicar cuáles serían para ellos las formas lícitas de apropiación, o si incluso, en su opinión, habría que omitir en general las apropiaciones, en cuyo caso tendrían que explicar cómo sería posible una cultura sin apropiaciones. En el otro extremo, tenemos a quienes en los debates sobre la apropiación no ven más que un programa para dar ocupación a los «comisarios del lenguaje y del pensamiento», tan felices de prohibir, que representan al llamado «movimiento de justicia social». Esta es la postura, por ejemplo, de Helen Pluckrose y James Lindsay en su reciente libro *Teorías cínicas*.[1] Desde su

1   Helen Pluckrose y James Lindsay, *Cynical Theories: How Activist Scholarship Made Everything About Race, Gender, and Identity — and Why*

punto de vista, el problema de la apropiación no es más que un pseudoproblema. Cuando, por ejemplo, «se critica a Madonna [...] por haberse apropiado de la cultura indígena hispánica, o cuando se critica a Gwen Stefani por haberse apropiado de la estética indígena japonesa», todo eso no son para Pluckrose y Lindsay más que síntomas patológicos de una sociedad en decadencia. «Desde luego, hay efectivamente estereotipos negativos que sería fructífero criticar y analizar»,[2] escriben, pero luego no dicen cuáles son. En el fondo, pretenden eliminar el problema de la apropiación limitándose a permitirlo todo, o, dicho de otro modo, prohibiendo todas las prohibiciones. Si de todas formas no hay cultura que no haya surgido por apropiación de otras culturas, si la apropiación representa un principio ineludible de la vitalidad y el desarrollo culturales, ¿no es entonces una exageración tremenda sentirse irritado por un deseo infantil de ser jefe indio? ¿No habría que respetar también las ganas de liberarse de la identidad que a uno le han impuesto, como una voluntad —aunque sea infantil— de autonomizarse y de abolir el mundo que a uno le rodea? ¿Qué hay de malo en que un blanco se pinte la cara de rojo?

Estas son preguntas que se pueden hacer. Pero entonces también habrá que hacer esta otra pregunta, aparentemente menos inocente: si en el fondo no es tan grave que un blanco se pinte la cara de rojo, ¿entonces tampoco es tan malo que un blanco se pinte

---

This Harms Everybody, Durham, Pitchstone, 2020, p. 202.

2   *Ibid.*, p. 224.

la cara de negro? Al responder a la primera pregunta uno quizá podría dudar, deliberar y discutir, sobre todo si alberga recuerdos sentimentales de cuando jugaba de niño a indios y vaqueros. Pero al responder a la segunda pregunta parece que la respuesta enseguida es clara: por supuesto que un blanco no debe pintarse en ningún caso la cara de negro. El *blackfacing*, o pintarse la cara de negro, es una práctica racista de mofa y humillación de las personas de piel negra. Al menos, una amplia mayoría de la sociedad ilustrada suscribiría esto sin dudar.

En cualquier caso, así es como lo vemos hoy. Pero hasta que esto caló en la sociedad, el *blackfacing* fue durante siglos una práctica obvia e incuestionada en la cultura pop. El primer personaje de cine que salió cantando en la pantalla fue un blanco con la cara pintada de negro. La película con la que en 1927 se impuso en los Estados Unidos la técnica del cine sonoro, que en aquella época era novedosa, se titulaba *El cantante de jazz*. Trataba de un cantante pobre, blanco y judío —interpretado por Al Jolson—, cuyo padre quiere formarlo como rabino cantor para que siga la tradición familiar. El «cantante de *jazz*» se niega. Alberga el mismo deseo que tenían los niños occidentales de los años sesenta y setenta cuando se disfrazaban de indios, solo que de una forma más resuelta y con mayor riesgo existencial: quiere ser alguien distinto saliéndose de su propia tradición cultural y apropiándose de otra. Para poder liberarse de la vida que le tienen destinada y de la cultura en que está inmerso, abandona la música de su padre y se apropia del canto de *jazz*, que estaba naciendo en aquella época. Ser libre significa para él hacer música como un negro. Se pone el disfraz de una cultura distinta, que él percibe como más auténtica, más corporal, más en sintonía con la naturaleza y más salvaje que la suya propia. Para él, libertad significa hacerse negro. Por eso, al final acaba maquillándose entero y pintándose la cara de negro.

En la película, esta apropiación se muestra como un acto de liberación personal, que a su vez debe representar simbólicamente la liberación de una cultura entera. Pero resulta que, para hacer este acto emancipatorio, se recurre a un procedimiento que tiene hondas raíces en la historia de la dominación y la esclavitud. El *blackfacing* que Al Jolson practica en *El cantante de jazz* tiene como antecedentes los *minstrel shows* del siglo XIX. En aquellos espectáculos, salían al escenario cantantes blancos con las caras maquilladas de negro y con los labios pintados reciamente de rojo, representando a unos esclavos joviales y agradecidos, y también un poco estólidos, pero que en cualquier caso nunca dejaban de cantar. O sea, para complacer a la mayoría social blanca, a la que le gustaba imaginarse así a sus conciudadanos y súbditos negros.

El primer artista que tuvo éxito con el *blackfacing* fue el cantante y actor neoyorquino Thomas D. Rice. A finales de los años veinte del siglo XIX, empezó a representar el papel de un cantante negro llamado Jim Crow. Se ponía un traje andrajoso y se tiznaba la cara con una crema hecha de corcho quemado en alcohol puro y mezclado luego con agua. Según el propio Thomas D. Rice contaba, la melodía con que se hizo famoso, «Jump Jim Crow», se la había escuchado en Kentucky a un mozo de cuadras negro. Las raíces de esta música se remontan hasta los cantos de los esclavos en el siglo XVIII. La interpretación que Rice hacía de «Jump Jim Crow» se convirtió en todo un éxito. Hizo numerosas versiones y ampliaciones de esa canción. La convirtió en el tema principal de su espectáculo, que representó con gran éxito en el Park Theatre de Nueva York y en otros lugares de Estados Unidos. Hasta hizo una gira por Europa a finales de los años treinta del siglo XIX, y en Londres lo aclamaron como a una estrella de la música popular. Los *minstrel shows*, que seguían el modelo de Rice, se multiplicaron durante las siguientes décadas por todos los Estados Unidos, convirtiéndose en la primera forma primitiva de una cultura pop que entusiasmaba a las masas. La exitosa historia de Thomas D. Rice y los *minstrel shows* muestra los efectos comerciales que puede tener la apropiación cultural: músicos y actores blancos se apropian de la cultura de los esclavos negros, convirtiéndose así en artistas exitosos y ricos, mientras que quienes los inspiran o directamente les suministran los originales para que los plagien no solo no obtienen nada a cambio, sino que encima aún se convierten en objeto de parodia y mofa. El nombre burlesco «Jim Crow» pasa a ser una denominación degradante de personas negras. Tras la abolición de la esclavitud en 1865, se conocen como «Jim Crow laws» a las leyes que legitimaban la segregación racial y que, por tanto, implantaban la permanente discriminación económica, social y cultural de los negros.

El *blackfacing* tuvo su primera aparición cinematográfica destacada en 1915, con la monumental película *El nacimiento de una nación*, de D. W. Griffith. Aquel acontecimiento marcó una época, como doce años después sucediera de nuevo con *El cantante de jazz*. Con *El nacimiento de una nación* el cine deja de ser el mero espectáculo de feria que había sido durante las dos primeras décadas desde su invención en 1895, y se convierte en un género artístico técnica y narrativamente autónomo. Pero lo cierto es que esta película es también extremadamente racista: se trata de un homenaje al Ku Klux Klan, en el que las personas de color solo salen como esclavos estólidos o como violadores amenazadores y bestiales... todos ellos representados en esta película por blancos con las caras pintadas de negro. Eso cambiará con *El cantante de jazz*. En esta película, la imagen de los músicos negros, y en general de la gente de color, es muy positiva. Sin embargo, también aquí prosigue ese entrelazamiento de apropiación y expropiación culturales que ya había comenzado con los *minstrel shows*. Igual que Thomas D. Rice y sus continuadores se erigieron en artistas exitosos y ricos gracias a la apropiación de la cultura negra, también Al Jolson se erigirá, apenas cien años después, en la mayor estrella de la música popular de su época, gracias a su imitación de la música negra. La película *El cantante de jazz* fue en su momento toda una sensación, ya solo porque mostraba por primera vez al público de masas una combinación de imágenes en movimiento y sonido, que además era básicamente musical. Pero el éxito también se debió a que esta música evocaba el *jazz*, ese estilo surgido en los años noventa del siglo XIX en Nueva Orleans, creado por músicos negros como King Oliver y Louis Armstrong. El *jazz* arraiga profundamente en las tradiciones afroamericanas, pero el primer cantante que se escucha cantándolo en una película sonora y que se convierte en estrella... fue un blanco. Al Jolson había empezado a asimilar el *jazz* ya en la década de 1910. Desde entonces empezó a aparecer en los musicales de Broadway y en sus propios *shows* como un animador maquillado de negro, cantando una música de *jazz* que él exageraba como si fuera ópera.

Este patrón se seguirá repitiendo continuamente en las siguientes décadas. En los años treinta del siglo pasado, Benny Goodman pone de moda con su orquesta el sonido de *big band*, con títulos como, por ejemplo, «Sing, Sing, Sing». Todo lo que constituye su música, él lo saca de lo que aprendió en los años veinte con King Oliver y con Louis Armstrong, consiguiendo que la mayoría social blanca lo corone como «rey del *jazz*». Veinte años después, en 1954, Elvis Presley grabará en los Sun Studios de Memphis su primer sencillo: «That's All Right». La versión original de este tema la había compuesto el guitarrista negro de *blues* Arthur Crudup. Con el rocanrol de Elvis nace la música moderna de *rock* tal como la conocemos hoy. Pero también el rocanrol arraiga profundamente en la tradición musical negra, en el *rhythm and blues* de los años cuarenta, que, por cierto, originalmente no se llamaba *rhythm and blues*, sino «Race Music». Toda una generación de músicos negros inventa la música, las técnicas de canto, el modo y el estilo de los que Elvis se apropiará para convertirse en el «rey del rocanrol»: un joven blanco, de apenas 20 años, que toma de sus modelos negros todo lo que lo hará tan famoso, mezclándolo luego con algunas influencias del *country* y del *hillbilly*, para adaptarlo aún más al gusto del público blanco.

> Nuestra música, nuestra moda, nuestros peinados, nuestros bailes, nuestros cuerpos, nuestras almas... todo eso lo han tomado siempre como frutas maduras que colgaban de un frutal a la vera del camino y que no tenían más que arrancar. ¿Pero quiénes son ellos? Ellos son los mismos diablos astutos que ya nos obsequiaron con la trata de esclavos y con el «Pasaje del medio».

Esto escribe el autor y músico negro Greg Tate en su prólogo a la antología *Todo menos la carga*, editada en 2003. Y luego prosigue:

> Lo que hace que este fenómeno resulte tan fascinante para los observadores negros no es solo la ironía de que la Norteamérica blanca siempre haya envidiado a los negros, o sea, que siempre haya aspirado a enriquecer su cultura con la fuerza creadora de los negros, incluso ya en los tiempos en los que se discutía seriamente sobre si las personas negras tienen alma. [...] Siempre que [los blancos] asimilaron una forma cultural negra, trataron de erradicar de ella la presencia de personas negras. En los años veinte Paul Whiteman fue coronado «rey del *swing*», en los años treinta Benny Goodman fue proclamado «rey del *jazz*», en los años

cincuenta apareció Elvis Presley como «rey del rocanrol», en los años sesenta Eric Clapton fue coronado «rey de la guitarra *blues*».[3]

Y aún no se había publicado el libro de Greg Tate que ya acababa de salir al escenario «el nuevo negro blanco»:[4] el rapero Eminem se convirtió en el artista de *hip hop* más exitoso de los Estados Unidos, y con sus cifras de ventas eclipsó a todos los pioneros negros de las dos décadas anteriores. «¿Es el nuevo Elvis?», preguntaban los titulares de la época. De nuevo, blancos beneficiándose de la música negra. Lo toman todo menos el peso, todo menos la carga, como ya dice el título del libro de Greg Tate. Los blancos lo quieren todo de los negros: su cultura, su moda, su *coolness*... Lo único que no quieren es la carga. Esa se la pueden quedar los negros: la carga del racismo y de la discriminación. Todos estos episodios que hemos enumerado son casos de explotación económica mediante una apropiación cultural. Los miembros de una cultura mayoritaria dominante y económicamente superior explotan los logros culturales de una minoría racialmente discriminada y económicamente más débil, privando así a los autores originales de la posibilidad de que ellos mismos se beneficien eco-

3   Greg Tate, «Nigs R Us, or How Blackfolk Became Fetish Objects», en: *id.* (ed.), *Everything But the Burden. What White People Are Taking From Black Culture*, Nueva York, Crown, 2003, pp. 1-14, aquí: pp. 2 s.
4   Cf. Carl Hancock Rux, «Eminem. The New White Negro», en: *ibid.*, pp. 15-38.

nómicamente de su arte como correspondería: así es como la apropiación se convierte en expropiación y la asimilación en expolio. En el peor de los casos, los propios expropiadores siguen siendo además racistas. La música que Eric Clapton hace con su guitarra, su tradición, sus técnicas, toda su música se debe a los *blues* negros. Sin embargo, este guitarrista demostró tener perversos prejuicios raciales cuando rechazaba la política migratoria británica en los años setenta. Elvis Presley debe toda su música al rocanrol negro, pero en los años setenta eso no le impidió ufanarse de su amistad con el presidente estadounidense Richard Nixon, que trataba de disolver, con todos los medios legales e ilegales, el movimiento por los derechos civiles de las Panteras Negras.[5]

«Elvis was a hero to most / But he never meant shit to me you see / Straight up racist that sucker was / Simple and plain» [«Para la mayoría, Elvis era un héroe, / pero a mí jamás me importó nada, ya ves; / era un racista sin más, aquel tonto era / un simple y un bobo»], decía a finales de los años ochenta la canción «Fight the Power», de la banda de *hip hop* Public Enemy. Elvis Presley, aplaudido como el inventor del rocanrol, celebrado como el primer gran rocanrolero, no es más que un joven blanco que les ha robado la música a los negros, para alcanzar así riqueza y prestigio. «Motherfuck him and John Wayne / 'cause I'm

5   Para un análisis más detallado de los casos de Eric Clapton y Elvis Presley, cf. Jens Balzer, *Das entfesselte Jahrzehnt. Sound und Geist der 70er*, Berlín, Rowohlt, 2019, pp. 193-198 y pp. 347-349.

black and I'm proud» [«A paseo con él y con John Wayne,/porque yo soy negro y estoy orgulloso de serlo»], sigue diciendo en este rap Chuck D, el líder de Public Enemy, y continúa: «Most of my heroes don't appear on no stamps/Sample a look back you look and find/nothing but rednecks for 400 years if you check» [«La mayoría de mis héroes no salen en ningún sello,/si echas una mirada al pasado comprobarás/que, en los últimos cuatrocientos años, no aparecen más que campesinos sureños reaccionarios»]. La mayoría de sus héroes nunca fueron inmortalizados en sellos. Si echamos un vistazo al pasado, en la historia oficial de los últimos cuatrocientos años solo encontraremos *rednecks*, hombres blancos.

El tercer álbum de Public Enemy se titula *Fear of a Black Planet*. El primer sencillo de este disco, que se publica en verano de 1989, incluye la canción «Fight the Power». «1989 the number another summer/Sound of the funky drummer», rapea el líder de la banda, Carlton Ridenhour, alias Chuck D: un nuevo verano, y también en este suena la música del «Funky Drummer». «Funky Drummer» es una canción del cantante afroamericano de soul James Brown. Esta canción es uno de los principales temas musicales de la cultura del *hip hop* desde sus orígenes en los años setenta. Es, concretamente, un motivo rítmico, consistente en una alternancia rítmica muy marcada y fácil de reconocer, un *break* que en esta canción ejecuta Clyde Stubblefield, el baterista de James Brown. Tomado como fragmento aislado, convertido en bucle y seriado en infinitos *loops*, aparece como base rítmica en muchas canciones tempranas de *hip hop*. También se escucha como base rítmica en este pasaje de «Fight the Power», mientras canta Chuck D.

No es este el único homenaje que se rinde al pasado. Mientras Chuck D interpreta su rap hablando de la lucha contra el poder *(power)* y los poderosos *(powers that be)*, podemos escuchar también una serie prácticamente inabarcable de citas sacadas de la historia musical afroamericana. Hay citas de canciones soul, *funk* y disco de los años sesenta y setenta, de Sly & the Family Stone y de los Isley Brothers, de Wilson Pickett y de Bobby Byrd; se escucha el fragmento de un discurso que Jesse Jackson, el predicador y activista de los derechos civiles, pronunció en el festival de Wattstax, también llamado «el Woodstock negro», celebrado en Los Ángeles en 1972; pero también se escuchan fragmentos de algunas de las primeras canciones de *hip hop*, por ejemplo de «Planet Rock» de Afrika Bambaataa & Soulsonic Force, o de «AJ Scratch» de Kurtis Blow. Además de todo esto, se escuchan las campanas de una iglesia, ruidos de la calle, discursos y proclamas públicas en manifestaciones o guitarras distorsionadas. Finalmente, se escucha como autocita el fragmento de una canción anterior de Public Enemy, «Yo! Bum Rush the Show», del álbum homónimo de 1987 con que debutó el grupo.

Esta música es, pues, una polifonía hecha de *beats* y de sonidos no musicales, de referencias musicales y no musicales a la historia de la cultura afroamericana en su lucha contra la opresión racista. El *hip hop*, tal como surgió en los años ochenta con bandas como

Public Enemy, expresa una cultura de autoempoderamiento y de exhibición de resistencia contra una sociedad racista dominada por blancos. En el vídeo «Fight the Power», que rodó el cineasta Spike Lee, los miembros de Public Enemy aparecen sobre un escenario en medio de una manifestación política de negros. En las imágenes no queda claro si participan como músicos o como oradores, o si hay siquiera una diferencia entre ambas cosas. Entre la multitud que se manifiesta, patrullan grupos de hombres que llevan uniformes militares y que por su aspecto recuerdan a los militantes del movimiento de las Panteras Negras de los años sesenta.

«Fight the Power»: aquí esto no significa solo la lucha contra un poder policial que maltrata a los negros. El poder es también el control sobre cómo se escribe la historia y sobre cómo se transmiten las tradiciones culturales. Es un poder que, por ejemplo, narra la historia musical como una serie de innovaciones de superestrellas blancas, aunque en la historia de la música norteamericana todas las innovaciones importantes se debieron a músicos negros, y aunque el principio esencial de la cultura pop blanca norteamericana consiste básicamente en la apropiación cultural. Se hace apropiación de creaciones, sonidos y estilos de la tradición afroamericana y se los hace pasar por propios, mientras se invisibiliza a los verdaderos creadores. En este sentido, «Fight the Power» es una de las primeras canciones de *hip hop* en las que se tematiza expresamente la «apropiación cultural». La apropiación cultural se describe aquí como un robo, en el mismo sentido en que, década y media después, Susan Scafidi lo formulará en su pertinente texto ya citado.

El poder, que es blanco, siempre reescribe la historia como mejor le conviene. Este es uno de los mensajes que nos transmite «Fight the Power». Esa reescritura no se puede revocar, censurar ni prohibir. Pero sí se le puede oponer algo: se puede narrar una historia distinta. Este es el motivo por el que uno de los miembros de Public Enemy, William Jonathan Drayton Jr., alias Flavor Flav, lleva siempre un reloj grande colgado del cuello. Ese reloj indica que ya ha llegado la hora, que lo que hay que hacer ahora es revertir el tiempo y volver a narrar desde el principio y de forma distinta la historia que el poder blanco falseó.

Así pues, la fuerza política que transmite Public Enemy no radica tanto en sus textos, sino más bien en sus *sampleados* y sonidos como técnica de contra-apropiación y de reapropiación. Para el *hip hop* de finales de los años ochenta e incluso comienzos de los años noventa, el uso de *sampleados* —es decir, de citas sonoras y musicales sacadas directamente de la fuente original de un disco— es un medio artístico y de producción fundamental. Especialmente creativos son los raperos del colectivo llamado Native Tongues, como De La Soul, Gang Starr y A Tribe Called Quest, cuyas canciones constan casi exclusivamente de *sampleados* de piezas de *jazz*. Reverencian a sus ancestros musicales y quieren rescatar su herencia trayéndola al presente, fundando una tradición propia con la reapropiación de fuentes olvidadas, o no suficientemente valoradas, de su propia herencia cultural. Los oyentes jóvenes, que quizá por primera vez entran así en contacto más estrecho con el *jazz*, el *soul* y el *funk* de generaciones anteriores, deben ser aleccionados de este modo para excavar más hondo en la historia («Crate-Diggin'» es el término que se ha creado para designar eso), y se los debe animar a escuchar directamente los originales. Aquí se trata, por tanto, de recoger y conservar algo que está amenazado de desaparecer, para componer con ello una nueva historia, una nueva tradición, entendida como una alternativa a la tradición hegemónica de la historiografía blanca (del pop).

Los Public Enemy responden a la apropiación que hacen los blancos de música negra con una «contra-apropiación»: vuelven a apropiarse de una tradición que la hegemonía blanca había invisibilizado, llenando su música de citas de esa tradición. Sus canciones son *collages* de material histórico, con lo cual rechazan al mismo tiempo la idea de que algo pueda estar musicalmente terminado y de que una música pueda cerrarse a influencias externas. Más bien, lo que caracteriza a la música de Public Enemy y la hace reconocible es que es fragmentaria, heterogénea y abierta hacia todos lados. Y precisamente en este carácter fragmentario se refleja la (dis-)continuidad de la historia cultural negra en los Estados Unidos. Así pues, con la técnica de la contra-apropiación surge una nueva manera de entender la subjetividad (artística), distinta de la que aparece en las formas de arte apropiador que habíamos visto hasta ahora.

Hay un breve texto de Gilles Deleuze que quizá pueda servir para entender esta relación especular. En

ese texto, Deleuze escribe sobre el poeta norteamericano Walt Whitman y sobre la diferencia entre la lite-
ratura norteamericana y la europea.[6] Deleuze escribe
que en Whitman aparece un arte del fragmento, que
sería típicamente norteamericano, mientras que para
una mentalidad europea el arte aspiraría más bien a lo
completo, a lo armónico:

> Los europeos tienen un sentido innato de la totalidad
> orgánica, o de la composición, pero tienen que adquirir
> el sentido del fragmento, y solo pueden hacerlo a través
> de una reflexión trágica o una experiencia del desastre.
> Los americanos, por el contrario, tienen un sentido
> natural del fragmento, y lo que tienen que conquistar
> es el sentimiento de la totalidad, de la composición
> hermosa. El fragmento está ahí sin más, de una forma
> irreflexiva que se adelanta al esfuerzo.[7]

A primera vista, esto suena un poco generalizante. Pero
si eliminamos de las citas y *sampleados* las alusiones
nacionalistas —o sea, la oposición entre «los europeos» y «los americanos»—, entonces sí encontramos
un punto esclarecedor. Lo que dice Deleuze es que
hay un arte que busca formas terminadas y otro arte
que se queda intencionadamente en lo fragmentario,
y que en ambas artes se reflejan determinadas predis-
posiciones históricas y sociales. El arte fragmentario es
la expresión de una sociedad que consta de minorías y

6   Gilles Deleuze, *Crítica y clínica*, Barcelona, Anagrama, 1997.
7   *Ibid.*, p. 82.

que es consciente de ello; el arte que aspira a la totalidad refleja una sociedad que, básicamente, se entiende y se proyecta a sí misma como unitaria. Citemos de nuevo a Deleuze:

> Si el fragmento es lo innato de Norteamérica se debe a que el propio país se compone de estados federados y de pueblos inmigrantes diversos (minorías): por doquier colección de fragmentos, obsesión debida a la amenaza de la Secesión, es decir, de la guerra. La experiencia del escritor americano es inseparable de la experiencia americana, incluso cuando no habla de América.[8]

Por tanto, las técnicas del *sampleado*, de la cita y del fragmento, que el *hip hop* emplea como una praxis de contra-apropiación, no solo denotan la reapropiación de una tradición reprimida y expropiada, sino que son también el reflejo estético de una subjetividad que se entiende a sí misma como heterogénea y como no idéntica, como una subjetividad que no está fijada, sino en devenir. Esta no-identidad, este desgarro interior, es —en el sentido en que Paul Gilroy describe en *Atlántico negro* la cultura de la diáspora negra y el sujeto cultural que forma parte de ella— el resultado de una historia de violencia, de una historia de tradiciones culturales que se destruyeron cuando sus sujetos se desarraigaron y se dispersaron por todo el mundo. Pero, al mismo tiempo, ahí surge la conciencia de que este estado de desarraigo ya no tiene marcha

8   Gilles Deleuze, *Crítica y clínica*, *op. cit.*, p. 84.

atrás, sino que, más bien, ese desarraigo podría convertirse en la base de una cultura verdaderamente libre y que no dejara de incorporar nuevas influencias e inspiraciones. Por el contrario, la idea de que podría haber algo así como una pureza cultural es una noción netamente colonialista, propia de quienes creen que las formas de globalización y de hibridación, que ellos mismos han impuesto, no afectan a sus «propias» tradiciones. En cualquier caso, la apropiación es distinta mirándola desde la perspectiva de Public Enemy que desde la perspectiva de una subjetividad que se entiende a sí misma como idéntica a sí misma y como hegemónica. «Y, desde ese punto de vista, el ser de los anglosajones, siempre estallado, fragmentario, relativo, se opone al Yo sustancial, total y solipsista de los europeos»,[9] dice Deleuze. Por tanto, el «contra» de «contra-apropiación» no se refiere solo al modelo objetivo de la apropiación, sino también al modelo de la subjetividad que hace esta apropiación. Un modelo de subjetividad que se entiende a sí misma como homogénea —también se podría decir una subjetividad que aspira a la totalidad y, por tanto, a la autenticidad— se opone aquí a otro modelo de subjetividad que se entiende a sí misma como básicamente desgarrada, descentrada e incompleta. La experiencia histórica del descentramiento y del desarraigo conduce al conocimiento de que *toda* cultura *siempre fue ya* heterogénea. Por el contrario, la fe en la homogeneidad y la pureza culturales solo se desarrolla en culturas que,

9   Gilles Deleuze, *Crítica y clínica, op. cit.*, p. 84.

basándose en su poder político y económico y en su dominación colonialista e imperialista, se tienen a sí mismas por el origen y la medida de todas las cosas. La idea de que podría ser posible o deseable no apropiarse es típica de un colonialismo que no es consciente de sí mismo. En el siguiente capítulo, quiero analizar qué es lo que esto significa para una ética de la apropiación y para la distinción entre apropiaciones lícitas e ilícitas.

3. *SAMPLEADO* DE IDENTIDADES

La técnica del *sampleado* se empleaba ya, aunque todavía de forma algo rudimentaria, en los orígenes del
hip hop. Las raíces de este género se remontan hasta la
cultura disco y los pinchadiscos de los años setenta. En
las fiestas discotequeras que se celebraban en aquella
época, inicialmente en *lofts* vacíos situados en barrios
céntricos neoyorquinos, los pinchadiscos empezaron a
mezclar las canciones que ponían, creando así un flujo
musical ininterrumpido. En 1973, un joven pinchadiscos procedente de Jamaica, Clive Campbell, alias DJ
Kool Herc, emplea esta técnica para crear *beats*. Pone
a la vez en dos tocadiscos distintos un mismo tema
de James Brown —precisamente el «Funky Drummer» que se cita en «Fight the Power»— y monta
un *break*, una alternancia rítmica, con los ritmos que
toca el baterista Clyde Stubblefield, creando así un
bucle infinito en el que parece que el *beat* pega duro
ininterrumpidamente, como si se mantuviera constantemente en su punto de máxima intensidad. Un
break es aquella parte de una canción de *hip hop* «that
grabs you and makes you emotional and wild», como
dirá más tarde Afrika Bambaataa, otro de los pioneros

de este género: el momento que te atrapa y te pone pasional y desenfrenado. Para incrementar aún más esta intensidad, Kool Herc utiliza en sus fiestas un potente sistema de sonido provisto de enormes cajas de bajos, que era lo que él había visto y escuchado de niño en su patria jamaicana. Ya desde los años cincuenta, los sistemas de sonido habían sido elementos centrales de la cultura *ska* y del *reggae* jamaicanos. Los bucles rítmicos, prácticamente desprovistos de todo añadido sonoro, invitan al *toasting*, como se lo llamaba entonces: el *toasting*, técnica de dicción sobre una base rítmica, se había puesto de moda en las fiestas *reggae* que se celebraban en salas de baile jamaicanas. Esta técnica se denominará posteriormente «rap». A lo largo de los años setenta, el *toasting* deja de emplearse solo para animar al público y comienza a utilizarse para recitar textos más ambiciosos, cargados de asociaciones y compuestos con unas rimas que a menudo son muy complejas. Pronto dejará el rapero de identificarse con el pinchadiscos y se convertirá en una figura musical autónoma.

El *hip hop* es una forma «alimentada por las relaciones sociales del South Bronx adonde se trasladó la cultura jamaicana de los *sound systems* durante la década de 1970», escribe Paul Gilroy en *Atlántico negro*. Para Gilroy, eso significa sobre todo una cosa: «El *hip hop* es una forma genuinamente híbrida».[1] En los años

---

1   Paul Gilroy, *Atlántico negro. Modernidad y doble conciencia*, trad. de José María Amoroso, Madrid, Akal, 2014, p. 52 [trad. ligeramente modificada].

ochenta, el *hip hop* de grupos como Public Enemy se opone a la «apropiación cultural» por parte de la cultura mayoritaria blanca. Pero el propio *hip hop* había sido en sus orígenes una forma de apropiación cultural. La cultura afroamericana del Bronx se apropia de las tradiciones musicales, de las técnicas sonoras y de las técnicas de canto que eran típicas de la diáspora jamaicana.

El término *hip hop* se emplea por primera vez a mediados de los años setenta. Su autoría es discutida. En cualquier caso, uno de los primeros en emplear este término es Afrika Bambaataa, a quien ya hemos mencionado. Nacido en el Bronx en 1957, su nombre original era Lance Taylor. Con 16 años escucha por primera vez una actuación del pinchadiscos Kool Herc, y enseguida se hace fan suyo y entusiasta de su música. A partir de 1977 empieza a trabajar él mismo de pinchadiscos y organizando fiestas. Pero, a diferencia de Kool Herc, él tiene una clara perspectiva política: quiere ayudar a los adolescentes callejeros de los barrios céntricos. No deben pelear entre sí con armas, sino dirimir sus disputas de una forma artística, ya sea cantando rap, bailando *break* o pintando grafitis. Pero hay un segundo motivo por el que el *hip hop* se vuelve político con Afrika Bambaataa: él lo ve como la banda sonora de un movimiento de resistencia, capaz de aglutinar diversos grupos marginados. «No matter how hard you try / you can't stop us now / We are the force of another creation / a new musical revelation» [«Por mucho que lo intentes / no podrás detenernos: / somos la fuerza de una nueva creación, / una nueva revelación musical»], dice su canción «Renegades of Funk», de 1983: somos la voz de una nueva creación, una nueva revelación musical. Afrika Bambaataa & Soulsonic Force no solo quieren —como más adelante Public Enemy— volver a visibilizar y reconstruir una tradición cultural negra oprimida por el poder blanco, sino que, además, desean fundar una nueva tradición musical que convierta la experiencia colectiva de la discriminación racial en un empoderamiento colectivo: «No matter how hard you try / you can't stop us now».

La portada del sencillo «Renegades of Funk» está diseñada como un dibujo de cómic, o mejor dicho, como la portada de un cómic de superhéroes. En ella salen los cuatro miembros de Soulsonic Force en plena acción y vestidos de superhéroes, en plan «Los cuatro fantásticos», esos superhéroes de Marvel creados por Stan Lee y Jack Kirby. Afrika Bambaataa firma aquí como Bam. Los nombres de sus compañeros son Biggs (Ellis Williams), G.L.O.B.E. (John Miller) y Pow Wow (Robert Darrell Allen). Esto representa también una forma de apropiación, pues, evidentemente, uno enseguida se da cuenta de que Soulsonic Force quiere luchar contra el racismo con ayuda de sus superpoderes. Pero esa portada también hace referencia a que, desde su creación a finales de los años treinta hasta entrados los años ochenta (e incluso hasta más tarde), fueron casi exclusivamente autores y personajes blancos quienes definieron el género del cómic de superhéroes. Desde que en 1966 se creara el personaje de Black Panther hasta que solo mucho después alcanzara fama cinematográfica, hubo ciertamente algunos superhéroes negros, pero siempre desempeñaban meros papeles secundarios en un mundo dominado por hombres blancos, o en todo caso también por unas pocas mujeres blancas.

Así pues, los Soulsonic Force se apropian de una estética blanca para lograr sus objetivos. La apropiación cultural que ellos hacen tiene todavía otro sentido. En la portada de estilo cómic de «Renegades of Funk», uno de los miembros del grupo, Pow Wow, sale —como ya sugiere su nombre—dibujado como un jefe indio. También en los espectáculos de Zulu Nation, Robert Darrell Allen sale al escenario vestido de indio y con un opulento penacho de plumas. En «Renegades of Funk» *rapea:* «Nothing stays the same, there were always renegades / Like Chief Sitting Bull, Tom Payne / Like Martin Luther King, Malcolm X»: nada sigue igual, pues siempre hubo renegados —es decir, disidentes, apóstatas del curso de la historia—, como el jefe indio Toro Sentado o Tom Payne, como Martin Luther King o Malcolm X. Pow Wow enumera aquí una serie de figuras clave de la emancipación negra, aunque también menciona a Thomas Payne, un ateo del siglo XVIII que fue uno de los padres fundadores blancos de los Estados Unidos, y a Toro Sentado, el legendario jefe de los siux, que en el siglo XIX se opuso a los colonialistas con todas las fuerzas de que disponía.

Pero si Afrika Bambaataa & Soulsonic Force hacen «apropiación cultural» no es para alardear de las creaciones culturales de otras tradiciones ajenas más débiles. Sino que, si recorren campos enteros de tradiciones culturales distintas, es para remarcar las afinidades entre grupos marginados, o simplemente para concienciarlos de ellas, en aras de una lucha común y solidaria contra la discriminación racista. La letra de «Renegades of Funk» sigue diciendo: «And we're on this musical mission to help the others listen / And groove from land to land singing electronic chants / Like to the nation / Like destroy all nation». Esto se traduciría más o menos así: «Y estamos en esta misión musical para ayudar a que los demás escuchen, / queremos crear un *groove* [surco] que traspase todas las fronteras nacionales / y que cree una nación que destruya todas las naciones».

Si lo entendemos así, el *hip hop* es un prototipo del arte posmoderno. Aprovecha todo lo que tiene a su disposición. Se apropia de las más diversas tradiciones culturales, para crear con ellas un nuevo lenguaje cultural sin fronteras, con el que los representantes de grupos marginados puedan empoderarse recíprocamente; un lenguaje cultural sin fronteras que permita acabar con la idea de una identidad colectiva inmodificable, denominada aquí metafóricamente «nación». Esta idea de una cultura sin «naciones» refleja lo que Paul Gilroy denomina «Atlántico negro». A Gilroy tampoco le parece que el *hip hop* sirva como banda sonora de aquel «radicalismo negro» y de aquel «nacionalismo del pueblo» —como él lo llama— que, en la transición a la década de los noventa, invocaban algunos intelectuales, como el crítico cultural Nelson George.[2] George y quienes piensan como él deberían

2   Cf. Nelson George, *The Death of Rhythm and Blues*, Londres, Penguin, 1988; cf. también Achille Mbembe, «Les sources culturelles du

reinterpretar el *hip hop* «como una expresión de la esencia afroamericana auténtica», dice Gilroy. Se trata de «una forma que presume y se regocija de su propia maleabilidad, así como de su carácter transnacional. [...] ¿Cómo es posible analizar el *hip hop* como si hubiera salido intacto de las entrañas del *blues*?».[3]

Entre las fuentes de inspiración más importantes de Gilroy están los textos del teórico del poscolonialismo Édouard Glissant, cuya primera obra importante, *El discurso antillano*, fue publicada en 1981, aproximadamente al mismo tiempo que los primeros sencillos de Soulsonic Force.[4] Glissant nació en la isla Martinica. Durante toda su vida se ocupó de cuestiones relativas a la identidad cultural en el sur global, una identidad que él designa «criolla». El concepto de «criollo» se refiere a la identidad cultural que conforma una cultura surgida de la incesante mezcla de influencias y tradiciones muy diversas. Esta cultura del «mestizaje» se opone a todo ideal de pureza cultural, así como a toda idea de que pueda haber tradiciones culturales homogéneas que sean atribuibles exclusivamente a determinados grupos poblacionales. Como hemos visto, eso se puede aplicar al *hip hop*. Pero Édouard Glissant va más allá: ni siquiera el *jazz* sería para él «negro», sino criollo. «Si usted junta ritmos africanos con instrumentos oc-

---

nouveau radicalism noir», en: *Le Monde Diplomatique* 6/1992, pp. 16 s. (https://www.monde-diplomatique.fr/1992/06/MBEMBE/44501 [último acceso: 8 de junio de 2023]).

3   Paul Gilroy, *Atlántico negro, op. cit.*, p. 53.

4   Édouard Glissant, *El discurso antillano*, La Habana, Casa de las Américas, 2010.

cidentales, como el saxofón, el violín, el piano o el trombón, lo que le sale a usted es el *jazz*. Eso es lo que yo llamo "criollización". Estoy convencido de que, en las ciudades de California, los asiáticos y los hispanos, los blancos y los negros, crearán alguna vez algo nuevo, que será tan maravilloso como el *jazz*», dijo en 2007 en una entrevista para el *Süddeutsche Zeitung*.[5] Este concepto de cultura Glissant lo denomina también «rizomatoso», término que toma de Gilles Deleuze y de Félix Guattari,[6] importantes fuentes de inspiración en *El discurso antillano*. Un rizoma es un tallo reticular horizontal y subterráneo. Para Deleuze y Guattari, el rizoma simboliza un tipo de pensamiento que ya no se basa en un ideal de unidad y homogeneidad, sino que, más bien, celebra la heterogeneidad, la pluralidad y la conexión de todo con todo. «[...] algunos caracteres generales del rizoma. 1° y 2°. Principios de conexión y de heterogeneidad: cualquier punto del rizoma puede ser conectado con cualquier otro, y debe serlo», escriben Deleuze y Guattari en el capítulo introductorio de su libro *Mil mesetas*, publicado en 1980. Y más adelante:

> Un rizoma no cesaría de conectar eslabones semióticos, organizaciones de poder, circunstancias relacionadas con las artes, las ciencias, las luchas sociales. Un eslabón semiótico es como un tubérculo que aglutina actos

5   Werner Bloch, «Das archipelische Denken. Ein Besuch bei dem Autor Édouard Glissant auf Martinique», en: *Süddeutsche Zeitung*, 22 de octubre de 2007, p. 12.

6   Édouard Glissant, *Introducción a una poética de lo diverso*, trad. de Luis Cayo Pérez Bueno, Madrid, Cinca, 2016, p. 62.

muy diversos, lingüísticos, pero también perceptivos, mímicos, gestuales, cogitativos: no hay lengua en sí ni universalidad del lenguaje, tan solo hay un cúmulo de dialectos, de *patois*, de argots, de lenguas especiales. El locutor-oyente ideal no existe, ni tampoco la comunidad lingüística homogénea. [...] No hay una lengua materna, sino la toma del poder de una lengua dominante en una multiplicidad política.[7]

Una conexión incesante sin unidad orgánica es también el modelo ideal de cultura criolla que propone Édouard Glissant. Sin embargo, en la traducción inglesa de *El discurso antillano* se eliminaron las referencias a Deleuze y a Guattari, porque al traductor —tal como comenta Paul Gilroy en *Atlántico negro*— le pareció que a un pensador negro y poscolonial no le pegaba permitir que unos filósofos franceses blancos le impusieran sus conceptos.[8] Por tanto, aquí se revocó —por decirlo así— la apropiación cultural que había hecho Glissant, para «no violar de alguna manera el aura de autenticidad caribeña que constituye un marco deseable en torno a la obra», como escribe Gilroy. En eso se revela, como sigue diciendo Gilroy, ese «absolutismo étnico» que trata de ocultar «la evolución y la transformación de las ideologías políticas negras e ignorar las cualidades inquietas y recombinantes de las culturas políticas afirmativas del Atlántico negro».[9]

7 Gilles Deleuze y Félix Guattari, *Mil mesetas. Capitalismo y esquizofrenia*, Valencia, Pre-Textos, 2002, p. 13.

8 Paul Gilroy, *Atlántico negro*, *op. cit.*, pp. 49-50.

9 *Ibid.*, p. 50.

Un pensador que aboga por la heterogeneidad, la pluralidad, lo rizomatoso, es rebajado aquí a defensor de una homogeneidad étnica aparentemente auténtica. Nada podría estar más lejos de lo que realmente quería Glissant, fallecido en París en 2011: «Hoy ninguna cultura está aislada de las demás. No hay culturas puras, eso sería ridículo. No es lo idéntico lo que deja huella en la vida, sino lo diverso. Lo igual no produce nada. Esto empieza ya en el ámbito genético. Dos células iguales no pueden producir nada nuevo. Y lo mismo sucede en el ámbito cultural».[10]

Tampoco se le pasa por alto a Glissant que vivimos en un mundo marcado por el dominio poscolonial, en el que la cultura blanca es la dominante y quienes más poder tienen son los blancos, que aprovechan ese poder para explotar a los demás. Pero Glissant no quiere oponer a este permanente dominio colonial la idea de una cultura negra homogénea que haya que defender de la apropiación, pues considera que el propio principio de pureza cultural es colonialista. En su opinión, comparte ya el proyecto de dominio blanco, occidental o colonial la mera intención de prescribirles a las culturas una homogeneidad étnica, o, como lo formula Paul Gilroy, la mera idea de una «identidad étnica», que también se debería poder atribuir a todas las modalidades del nacionalismo negro que surgieron en los años setenta y ochenta del siglo pasado.[11]

10   Werner Bloch, «Das archipelische Denken. Ein Besuch bei dem Autor Édouard Glissant auf Martinique», *op. cit.*, p. 12.
11   Paul Gilroy, *Atlántico negro, op. cit.*, p. 15.

Para Gilroy, el potencial emancipatorio del *hip hop* radica justamente en que eleva el *break* que escuchamos en el *breakbeat* a principio estético fundamental. Gilroy se da cuenta de que este principio refleja no solo el carácter fragmentario de la cultura norteamericana, tal como lo formula Gilles Deleuze en su texto sobre Walt Whitman, sino, en general, la fragmentación de *todas* las culturas, de todas las identidades colectivas y singulares.[12] El *hip hop* critica la apropiación cultural por parte de la cultura blanca dominante, y le opone su propio concepto de identidad. Pero, sobre todo, esa crítica está claramente connotada en el inacabable juego de apropiaciones que el *hip hop* practica. La apropiación constante y continuamente reiterada de diversas tradiciones y culturas denota que toda identidad es una identidad construida y compuesta, y que toda noción de una identidad inmutablemente estable no hace más que reproducir los elementos ideológicos de aquel poder que hay que combatir.

Así pues, si nos preguntamos cuál es la diferencia ética entre las apropiaciones lícitas y las ilícitas, a tenor de lo que expone Édouard Glissant podríamos responder: una apropiación es lícita cuando es inventiva, cuando amplía el juego de las posibilidades culturales; también es lícita la apropiación que nos muestra que la identidad no surge de «la raíz única», sino del «rizoma [...] aquella raíz que se extiende en busca de otras raíces».[13] La identidad siempre es híbrida, siempre está

12 Paul Gilroy, *Atlántico negro, op. cit.*, p. 139.
13 Édouard Glissant, *Introducción a una poética de lo diverso, op. cit.*, p. 62.

construida, está en permanente devenir y mudanza. Una praxis de apropiación que haga visible tal hibridación y tal constitución ambivalente de toda identidad cultural será una apropiación éticamente lícita. Por el contrario, una apropiación ilícita es aquella que asume y consolida identidades que aparentemente están ya establecidas de antemano, aquella que aprovecha estéticamente y, con ello, consolida políticamente el régimen de poder imperante. Desde la posición de una mayoría social hegemónica, la apropiación ilícita explota las creaciones estéticas de personas marginadas, al mismo tiempo que mantiene atrapadas a esas personas en su situación de marginación.

4. QUÉ ES REALMENTE *AUTÉNTICO*

Si queremos esbozar una ética de la apropiación, deberemos centrarnos también en la pregunta de cuáles son las nociones de identidad cultural e identidad individual que hay tras las respectivas formas de apropiación. Entre las distintas formas de apropiación que hemos visto hasta ahora se pueden distinguir dos tipos. El primer tipo lo encontramos en la apropiación «blanca» de la cultura «negra», que hemos descrito en el segundo capítulo. En ese tipo de apropiación, los miembros de una cultura poderosa se apropian de los artefactos culturales de otra cultura oprimida, mientras que, al mismo tiempo, desde la perspectiva de los apropiadores, los miembros de esta cultura expropiada —y este es el punto decisivo— tienen algo de lo que aquellos poderosos carecen. Los oprimidos parecen ser más naturales, más salvajes, más auténticos que los poderosos, y por eso suscitan en quienes se consideran más civilizados una nostalgia de autenticidad y originalidad, que debe ser aplacada mediante la apropiación de artefactos y escenificaciones culturales más auténticos.

Así pues, la apropiación «blanca» de la cultura «negra» le atribuye a esta cultura «negra» una mayor sintonía con la naturaleza y una mayor autenticidad. Este concepto asimétrico de cultura es, en sí mismo, racista. Pero, precisamente, connota la idea de que hay algo así como culturas auténticas, culturas que se encuentran en un estado de pura identidad consigo mismas, justamente porque aún no han sido contaminadas por el proceso civilizatorio. Teóricos como Paul Gilroy y Édouard Glissant rechazan esta idea, afirmando que no hay culturas idénticas a sí mismas ni algo así como una autenticidad cultural, sino que la atribución de una supuesta autenticidad fue siempre, justamente, un medio político para sojuzgar a otra cultura o, como en este caso, para minusvalorarla como expresión y como prueba de una fase cultural arcaica o primitiva. Si se acepta esta idea de Gilroy y de Glissant de que las culturas son en general híbridas y rizomatosas, entonces se refuta definitivamente la formulación jurídica de la crítica a la «apropiación cultural», tal como la propone Susan Scafidi. Si la cultura no es algo que pueda ser poseído por alguien, entonces nadie puede tampoco robarla: si no hay propiedad, tampoco puede haber expropiación. Pero, por otra parte, esto es incompatible con el conocimiento intuitivo de que hay formas dañinas de apropiación, como por ejemplo el *blackfacing*, que —al margen del motivo por el que se lo practique— nos evoca una historia centenaria de discriminación racista. Por tanto, la pregunta es esta: ¿cómo se puede reflexionar sobre tipos de apropiación percibidos como dañinos, y cómo se los puede criticar, sin recurrir a los conceptos de identidad, de propiedad y de prohibición? Como ya hemos visto, una posibilidad es la «contra-apropiación» que hace el *hip hop*. Esa «contra-apropiación» no prohíbe a otros la apropiación, sino que responde a apropiaciones ilícitas con apropiaciones lícitas. Con ello, el margen de posibilidades que ofrecen las apropiaciones no se reduce, sino que se amplía. Ciertamente, eso no impide que en el mundo siga habiendo apropiaciones ilícitas. Los Public Enemy no pudieron impedir el éxito económico de Eminem diez años después. Sin embargo, la «contra-apropiación» de tradiciones musicales negras en la modalidad especial del *hip hop* hizo que, a la larga, los raperos blancos quedaran retratados justamente como tales. A diferencia de Benny Goodman o de Elvis Presley, a partir de ahora los raperos blancos ya no podrán dárselas de «reyes» universales —o sea, sin etiquetas particulares— de una cultura que, en realidad, es particular y característicamente negra, sino que quedarán etiquetados como raperos blancos. Es decir, quedarán retratados como artistas que, de pronto, se presentan como apropiadores en un juego de apropiaciones que ya existía mucho antes que ellos. Esto contradice la clásica narración heroica, en la que los músicos blancos eran los capaces de crear un arte verdadero y duradero con el caos salvaje, desenfrenado y bestial de la música negra. El arte de la «contra-apropiación» destruye la apariencia ideológica de que, más allá de las apropiaciones, existen unas formas culturales auténticas y originales que, luego, unos artistas heroicos (también se los podría llamar supremacistas) traspasan a unas formas culturalmente refinadas. Quien antes podía dárselas de creador genial, ahora queda retratado como apropiador rezagado, que no crea complejidad, sino que, por el contrario, la reduce.

¿Qué significa esto para el intento de distinguir, en un sentido ético, entre apropiaciones lícitas e ilícitas? Propongo entender como apropiaciones lícitas las que no aspiran a consolidar ideas de pureza, naturaleza y autenticidad, sino que buscan el traspaso de fronteras, lo híbrido, la superación de todo tipo de cosificación cultural, mostrando al mismo tiempo que toda identidad, en realidad, se transforma sin fin y que la nostalgia de estados de pureza cultural, en definitiva, no es más que eso que Jacques Derrida describió en cierta ocasión como «nostalgia del origen»: la expresión de una nostalgia de metafísica y de totalidad y, por tanto, la expresión de una conciencia falsa, que en la inabarcable multiplicidad del mundo busca lo sencillo, lo puro y lo auténtico, que sin embargo, en realidad, no existe.[1]

En la apropiación lícita, por el contrario, se muestra una conciencia (verdadera) de la apertura y la hibridación constitutivas —o, como diría Derrida, del «descentramiento»— de toda cultura. Dicho así suena muy bien, pero ¿qué significa exactamente? ¿Y cómo se pueden detectar las apropiaciones en las que se da una conciencia falsa de autenticidad y de originalidad, y distinguirlas de otras? ¿Acaso las apropiaciones no son en sí mismas ambivalentes, puesto que contravienen los regímenes racistas de poder y de fuerza en

1 Jacques Derrida, «La estructura, el signo y el juego en el discurso de las ciencias humanas», en: *id.*, *La escritura y la diferencia*, Barcelona, Anthropos, 1989, pp. 383-401.

la misma medida en que los consolidan? En los años veinte del siglo pasado, los «blancos» encontraron en la apropiación de la cultura «negra» del *jazz* una vía para escapar de su situación de estancamiento biográfico y social; pero al mismo tiempo perseveraban en la práctica racista del *blackfacing*, que hacía mofa de los negros y los humillaba. Hacían una apropiación que ampliaba su manera de entender la cultura y, al mismo tiempo, la cerraba a influencias externas.

Una ambivalencia similar, aunque constituida de forma diferente, la encontramos en la apropiación de la «cultura india», sobre la cual quiero volver ahora, pues, evidentemente, lo primero que denota el «deseo de ser un indio» son las ganas de pertenecer a una cultura distinta, que parece ser más original, más ligada a la naturaleza y más auténtica que la propia. En el personaje de Winnetou, tal como nos lo presenta Karl May, este deseo se expresa con meridiana claridad, pues May lo caracteriza expresamente como «hombre noble», como una persona absolutamente íntegra en sentido moral, como un ser centrado en sí mismo y seguro de sí mismo, o, como también podría decirse, como un centro sin ambivalencias en medio de un mundo en transformación.

Al mismo tiempo, no es casualidad que el entusiasmo de la sociedad alemana por los indios y vaqueros, por las películas de *Winnetou* con Pierre Brice y Lex Barker y por el Festival de Karl May en Bad Segeberg y en otros escenarios al aire libre se suscitara, precisamente, durante las primeras décadas después de la Segunda Guerra Mundial. La antropóloga cultural

Katrin Sieg ha estudiado este fenómeno y lo ha descrito como un *ethnic drag* o un «travestismo étnico», como una estrategia colectiva de transferencia y proyección mediante disfraces y mascaradas étnicas.[2] En el *ethnic drag*, tal como escribe Sieg en su libro homónimo, se trata de meterse en el papel de un pueblo que todavía no ha sufrido las influencias de las tendencias alienantes de la civilización moderna. Así pues, esa fascinación por los indios denotaría el malestar general que los alemanes «normales» y apegados a su patria sentían por culpa de todo lo que la modernidad exigió de ellos durante la posguerra. No otra cosa sucede con las películas costumbristas que triunfan en el cine alemán durante los años cincuenta. Pero los «indios» representan aquí un caso especial, ya que son una comunidad étnica que vive en armonía con la naturaleza pero que al mismo tiempo está amenazada de genocidio. Así pues, que, justo en la época que siguió inmediatamente al final del dominio nacionalsocialista, los alemanes se identificaran tan estrechamente con la figura del indio, se debe también a que el pueblo que acababa de perpetrar un genocidio contra los judíos europeos trataba de cambiar su papel de criminal por el de víctima. Al mismo tiempo, en Karl May los vaqueros buenos y los «hombres del Oeste» son siempre

2   Katrin Sieg, *Ethnic Drag. Performing Race, Nation, Sexuality in West Germany*, Ann Arbor, University of Michigan Press, 2002. Cf. Katrin Sieg, «Ethnic drag and national identity: Multicultural crises, crossings, and interventions», en: Sara Friedrichsmeyer, Sara Lennox y Susanne Zantop (eds.), *The Imperialist Imagination: German Colonialism and its Legacy*, Ann Arbor, University of Michigan Press, 1998, pp. 295-319.

alemanes en el extranjero, que apoyan cual rutilantes héroes —cual *white saviours* o salvadores blancos, que diríamos hoy— a los indios acosados. Se trata, por tanto, de una situación en la que todos salen ganando. Da igual el disfraz que uno se ponga: uno siempre queda en el lado correcto de la historia y se puede exonerar de su propia responsabilidad histórica.

Así pues, esta apropiación «étnica», y la consiguiente proclamación de autenticidad y de cohesión cultural, denotan una intención de revisionismo histórico. Pero ahí se encierra aún algo más, algo que contradice directamente estas proclamaciones reaccionarias y que hace realmente interesante esta fascinación por los indios. Para explicar esto, debo hacer un segundo viaje en el tiempo hasta el pasado y tratar de volver a ser aquel niño de los años setenta que leía maravillado y cautivado las novelas de Karl May, que asistía al Festival de Karl May en Bad Segeberg y que pasaba las largas tardes de las vacaciones de verano jugando con otros niños a indios y vaqueros en la calle del pequeño pueblo perdido. Estos juegos eran también mascaradas. Por así decirlo, eran bailes de disfraces improvisados a la intemperie. Algunos niños se disfrazaban de vaqueros, otros de indios. En qué bando se ponía uno no dependía solo de si uno quería identificarse con la propia cultura «blanca» y dominante o, por el contrario, con la cultura foránea, exótica, distinta, «no blanca» y acosada. La asimilación a los indios (sacados de los cuentos) tenía también una dimensión sexual. En las sociedades europeas de los años setenta, se daba por supuesto que los niños llevaban el pelo corto y las

niñas lo llevaban largo; que a veces las niñas se maqui-
llaban, mientras que los niños no lo hacían nunca. El
niño que quería llevar el pelo largo y que, quizá, incluso se pintaba las uñas con el pintauñas de su her-
mana, de inmediato pasaba a ser un marginal que era
objeto de burla, a no ser que justificara eso disfrazándose precisamente de indio. En tal caso, llevar el pelo
largo poniéndose una peluca negra ya parecía más
normal y era legítimo, igual que maquillarse la cara
de rojo y pintarse rayas de colores, o sea, ponerse esa
«pintura de guerra» que conocíamos de las películas
de Karl May y de otros wéstern.

En la imaginación y en la práctica de los niños que
veían películas de indios, los disfraces de indios no eran
solo un «*drag* étnico», sino un *drag* o «travestismo» en
el sentido original de la palabra: disfraces de transgre-
sión sexual. Por cierto, ya el propio Karl May sugería
en sus novelas de *Winnetou* esta fantasía del indio como
hombre que transgrede las definiciones de virilidad.
La primera vez que sale en sus novelas este noble jefe
apache, escribe May: «Llevaba la cabeza al descubierto
y tenía el pelo recogido en un moño, pero sin ador-
nárselo con una pluma. Tan larga era su cabellera que
del moño le caía una abundante y pesada coleta sobre
la espalda. Sin duda, más de una dama habría envidiado
este magnífico pelo, que brillaba con destellos azules»,
se nos cuenta en la «novela de viajes» que lleva por
título *Winnetou I*.[3] Y en otro pasaje se sigue diciendo:

---

3 Karl May, «Winnetou I», en: *id., Karl Mays Werke. Historisch-kritische
Ausgabe für die Karl-May-Gedächtnis-Stiftung*, ed. de Hermann Wie-

No llevaba barba. Por eso siempre resplandecía ese gesto tierno, amoroso y dulce, pero tan enérgico, que le marcaba la comisura de sus labios, unos labios carnosos, casi se diría que hechos para besar. Cuando hablaba amablemente, su voz tenía un timbre gutural incomparablemente grato y seductor, como no se lo he escuchado a ninguna otra persona; un timbre solo comparable al amoroso y suave barboteo de la gallina que, deshaciéndose de ternura, cobija bajo sí a sus polluelos.[4]

En su interpretación de Karl May titulada *Sitara y el camino hacia ahí*, Arno Schmidt analiza esta caracterización de Winnetou y la interpreta como expresión de un deseo homoerótico.[5] Siguiendo esa línea, la psicoanalista Johanna Bossinade explica cómo «en la obra de Karl May aparecen elementos de heterogeneidad en el personaje del indio andrógino».[6] En cualquier caso, las versiones teatrales y cinematográficas del personaje han conservado esta heterogeneidad en forma de una masculinidad «no viril» o «afeminada»: basta con ver las apariciones de Pierre Brice, el actor que hace de Winnetou en las películas de Karl May de los

denroth y Hans Wollschläger, vol. IV 12, Bamberg, Karl-May-Verlag, 1989, p. 101.

4 Karl May, «Weihnacht», en: *id.*, *Karl Mays Werke, op. cit.*, vol. IV 21, p. 238.

5 Arno Schmidt, *Sitara und der Weg dorthin. Eine Studie über Wesen, Werk & Wirkung Karl Mays*, Fráncfort del Meno, Fischer, 1969, pp. 25-34; especialmente: pp. 29 s.

6 Johanna Bossinade, «Das zweite Geschlecht des Roten. Zur Inszenierung von Androgynität in der "Winnetou"-Trilogie Karl Mays», en: *Jahrbuch der Karl-May-Gesellschaft*, 1986, pp. 241-267.

años sesenta, con su magnífico traje de indio, su larga cabellera y su rostro suave y redondeado, junto a Lex Barker, el actor de rasgos marcados y aspecto viril que hace de Old Shatterhand. En la época en que *Winnetou* alcanzó su máxima relevancia en la cultura pop, quien se ponía un disfraz de indio inspirándose en Winnetou no solo podía practicar un «*drag* étnico», sino también un *drag* en el sentido de las *drag queens* y los *drag kings*, homosexuales que se disfrazan de mujeres y lesbianas que se visten de hombres, o en general personas que con su forma de vestir transgreden las formas culturalmente establecidas de la lógica binaria de los géneros.

Encontramos formas de mascarada y apropiación sexuales a lo largo de todo el siglo XX. También en este caso la relación con la emancipación política es ambivalente. La primera *queen of drag* que actuó con este nombre fue un norteamericano negro nacido a mediados del siglo XIX en una familia de esclavos. En los años ochenta del siglo XIX, William Dorsey Swann organizó por primera vez en Washington, D.C. una serie de «Cross-Dressing-Balls», en la que homosexuales negros posaban vestidos de mujer. William Dorsey Swann fue encarcelado un tiempo por ello y se convirtió en el primer activista declaradamente homosexual de los Estados Unidos. Los bailes que organizó sirvieron de modelo para otros eventos similares que se celebraron más tarde en Europa, sobre todo en Berlín durante la República de Weimar. Pero la mascarada sexual alcanzó especial popularidad cuando, en los *minstrel shows* de las décadas de 1910 y 1920, los actores blancos no solo se disfrazaban de hombres negros, sino también de mujeres negras. Desde entonces, la mascarada sexual se ha convertido en parte esencial de la cultura pop, desde las películas de Josef von Sternberg con Marlene Dietrich, pasando por el *glam rock* de los años setenta —en el que artistas masculinos como Marc Bolan y David Bowie posaban con ropa de mujer o, en todo caso, con ropa andrógina—, hasta Sylvester, el primer artista *drag* prominente de la cultura disco, que en 1978 grabó el himno del movimiento: «You Make Me Feel (Mighty Real)». Es interesante que en esta canción se aborde también el tema de la autenticidad. Sylvester canta que se siente especialmente auténtico —«mighty real»— cuando sale a la pista de baile vestido de *drag*. Pero aquí «real» no significa «auténtico», en el sentido de una identidad dada por naturaleza, sino que significa que Sylvester ha superado las limitaciones que la sociedad le imponía. Se apropia del simbolismo de la sexualidad femenina, pero no para aparecer como mujer ni como hombre, sino para presentarse como algo tercero.[7]

En principio, esto parece quedar ya muy lejos de los intentos del tímido niño de pueblo que, también a finales de los años setenta, trata de zafarse de las imposiciones de la sexualidad binaria disfrazándose de indio. Mientras que el niño trata de vivir a fondo sus ganas de jugar con el sexo, intentando no llamar la atención ni que le castiguen por ello, las *drag queens* imitan de

7 Para un estudio más detallado sobre este tema, cf.: Kaja Silverman, «A Woman's Soul Enclosed in a Man's Body. Femininity in Male Homosexuality», en: de la misma autora, *Male Subjectivity at the Margins*, Routledge, Nueva York/Londres, 1992, pp. 339-388.

forma exagerada las pintas y los ademanes de famosas divas del pop. Al apropiarse de estereotipos sexuales femeninos, tratan de llamar especialmente la atención y visibilizarse, precisamente porque lo que les dicta la mayoría social es que se comporten lo más discretamente posible y sin llamar la atención.

Pero ambos tipos de mascaradas guardan cierta relación. El disfraz, la máscara, la apropiación, abren un campo de posibilidades para hallar y escenificar una identidad que desbarate —*queer*— las expectativas de la mayoría social y las convenciones que ella establece. «[...] en una cultura que parece arreglárselas siempre y de todas maneras para aniquilar lo "anómalo", lo "anticonvencional" *(queer)*», escribe Judith Butler en su libro *Cuerpos que importan*, publicado originalmente en 1993, el *drag* abre siempre «espacios ocasionales en los que pueden parodiarse, reelaborarse y resignificarse esas normas aniquiladoras, esos ideales mortíferos de género y raza».[8] Butler considera el *drag* una forma especial de apropiación que permite emanciparse y reflexionar sobre sí mismo, ya que ofrece unas posibilidades de expresarse a sí mismo que, por lo general, la sociedad heteronormativa niega a quienes hacen esas apropiaciones.

Así pues, la mascarada sexual también puede abrir una perspectiva que muestre que no hay identidad sexual que no haya sido generada por mascaradas y performaciones. En su extravagante exageración de la

---

8   Judith Butler, *Cuerpos que importan. Sobre los límites materiales y discursivos del «sexo»*, Buenos Aires, Paidós, 2002, pp. 183-184.

identificación sexual, las *drag queens* —y sus compañeros los *drag kings*— nos recuerdan que toda identificación sexual siempre tiene algo de artificial y establecido por convenciones culturales. Por eso cuestionan el sistema de la sexualidad binaria. Subvierten la noción de una identidad sexual biológicamente inalterable que justifique entender el travestismo como apropiación del «otro» sexo. Esta forma especial de apropiación subvierte la idea misma de apropiación.

«En este sentido —escribe Judith Butler— el travestismo es subversivo por cuanto se refleja en la estructura imitativa mediante la cual se produce el género hegemónico y por cuanto desafía la pretensión de naturalidad y originalidad de la heterosexualidad».[9] Pues, en realidad, sigue diciendo Butler, la identidad sexual no es, en general, más que un «travestismo». Lo cierto es

que la «imitación» está en el corazón mismo del proyecto heterosexual y de sus binarismos de género, que el travestismo no es una imitación secundaria que suponga un género anterior y original, sino que la heterosexualidad hegemónica misma es un esfuerzo constante y repetido de imitar sus propias idealizaciones.[10]

Tampoco los niños que llevan el pelo corto, como dictan las convenciones sociales, se estarían comportando de manera natural o auténtica, sino que se están apropiando de modelos que les imponen: modelos que,

9   Judith Butler, *Cuerpos que importan, op. cit.*, p. 185.
10   *Ibid.*, p. 184.

si dan la impresión de expresar un género fijo, es solo porque se repiten infatigablemente en una cultura. En este sentido, también los niños que llevan el pelo corto se estarían «travistiendo», solo que su travestismo no sería subversivo, sino afirmativo, mientras que el auténtico travestismo o *drag*, que también se denomina así, desbarataría las convenciones establecidas y mostraría que, efectivamente, no son más que convenciones. El travestismo es

> la desestabilización del género mismo, una desestabilización que ha sido desnaturalizada y que pone en tela de juicio las pretensiones de normatividad y originalidad a través de las cuales opera a veces la opresión sexual y de género.[11]

Por tanto, lo que viene a decir Butler es que la apropiación puede ser tanto reaccionaria como progresista: depende de cómo se haga. Quizá se podría ver en las ideas de Butler una especie de ética de la apropiación que nos saque de la simple oposición entre «prohibir todo» y «permitir todo», sobre todo si combinamos lo que ella dice con lo que ya hemos leído en Édouard Glissant: «Hoy ninguna cultura está aislada de las demás. No hay culturas puras, eso sería ridículo».[12] No hay culturas puras, pues las culturas siempre nacen de mezclas. No existe una identidad sexual «pura», pues la

11 Judith Butler, *Cuerpos que importan, op. cit.*, p. 188.
12 Werner Bloch, «Das archipelische Denken. Ein Besuch bei dem Autor Édouard Glissant auf Martinique», en: *Süddeutsche Zeitung*, 22 de octubre de 2007, p. 12.

identidad sexual, el deseo sexual y las manifestaciones de la sexualidad son mucho más diversas de lo que muestra la oposición, aparentemente absoluta, entre «masculino» y «femenino». Y lo que se muestra en esta hibridación del género, según Judith Butler, no es más que la hibridación de toda forma de identidad.

«Lo que llamamos una esencia o un hecho material simplemente es una opción cultural impuesta que se ha disfrazado de verdad natural», escribe Butler en uno de sus primeros textos, «Variaciones sobre sexo y género», de 1985.[13] Así pues, debemos tomar la hibridación, lo impuro, la mezcla, como base de toda cultura y de toda identidad, y por tanto debemos reconocer también la apropiación en general como tal fundamento. Pero eso no significa que toda apropiación particular ya esté justificada por ello. La apropiación lícita, reflexiva y crítica siempre replantea y cuestiona el régimen de poder en el que vivimos. Es decir, se opone a las fijaciones ideológicas de todo tipo, a toda norma cultural que pretenda obedecer a un estado natural incuestionable.

Si entendemos correctamente la apropiación, veremos que implica una crítica del régimen en el que vivimos y una reflexión sobre las condiciones bajo las que nos comportamos entre nosotros y consideramos tal régimen. Si entendemos mal la apropiación, nos limitaremos a afirmar situaciones estructuralmente injus-

13   Judith Butler, «Variaciones sobre sexo y género. Beauvoir, Wittig y Foucault», en: Seyla Benhabib y Drucilla Cornell (eds.), *Teoría feminista y teoría crítica*, Valencia, IVEI, 1990, p. 211.

tas, como por ejemplo los regímenes racistas. Ambas cosas son posibles, y ambas posibilidades se entrelazan dialécticamente. La apropiación lícita nos enseña que nada está firmemente asentado, y lo hace descomponiendo lo que aparenta estar fijamente establecido, es decir, justamente aquello que la apropiación ilícita pretende afirmar. La apropiación lícita representa la antítesis de la ilícita, y lo hace apropiándose a su vez de la apropiación ilícita y elevándola a un nuevo nivel, a un nivel correcto, en el que la idea de la apropiación se niega y se conserva, pero también se rebasa. Se trata, por tanto, de una superación dialéctica en el triple sentido que le da Hegel: *negare, conservare, elevare*.

¿Pero qué significa esto para la apropiación de la cultura india? Como hemos visto, también esa apropiación es dialéctica. Con ayuda de Winnetou, el tímido niño de los años setenta transgredía su propia identidad sexual y las normas que la regían, abriéndose a algo nuevo. Pero, por otro lado, eso nuevo a lo que se ha abierto es, a su vez, otra forma de anquilosar la identidad, pues no existe «el» indio. Lo que hay son muchas tribus y muchas manifestaciones culturales de los pobladores no-blancos de las tierras de Norteamérica, que luego habrían de ser colonizadas por blancos. A raíz de eso, los blancos, desde el mundo que ellos han civilizado, anhelan algo que creen haber perdido en el proceso civilizatorio: la naturaleza, lo verdadero, lo auténtico. Para eso necesitan entonces personajes como el indio o el negro incivilizado y salvaje: los necesitan como plano de proyección. Así pues, someten una pluralidad de personas y de culturas a su mirada homogeneizadora y colonial. No usan la apropiación para criticar una presunta naturalidad y autenticidad, sino para sentirse especialmente auténticos apropiándose de algo distinto e identificándose con ello. O en todo caso, para sentirse más auténticos de lo que pueden hacerlo en su cotidianidad. Pero, como hemos aprendido de Judith Butler, esto es justamente lo contrario de toda forma lícita de apropiación, pues esta también implica siempre una crítica a la idea de autenticidad: una crítica que, a su vez, se manifiesta en forma de un travestismo que, en la apropiación que representa por ejemplo el disfraz de indio, encuentra un medio para escapar de los anquilosamientos de la cultura en la que se halla. Una apropiación lícita de lo sexualmente transgresivo sería, por tanto, la que travistiera identidades tradicionales, poniéndoles disfraces que no pudieran interpretarse a su vez como una explotación de culturas presuntamente más auténticas. Quien realmente quiere convertirse en indio debe superar al indio: por hacer una nueva variación del texto de Kafka, debe dejar los estribos, pues resulta que no había estribos, debe soltar las riendas, pues resulta que no había riendas, y debe estar dispuesto a ver el terreno que tiene delante como erial segado a ras de tierra, desaparecidos ya el cuello y la cabeza del caballo. Solo al final de esta desilusión, de esta salida y descabalgadura de la imaginación, se alcanza a entender que en la cultura humana no hay nada que sea estable ni natural. No hay más que una cadena infinita de apropiaciones de apropiaciones de apropiaciones de apropiaciones de apropiaciones de apropiaciones... Y solo llegamos a la realidad, o —por citar la noción de «realidad» de la *drag queen* Sylvester— solo somos realmente *auténticos*, cuando entendemos que este inacabable juego de apropiaciones es nuestra verdadera naturaleza.

5. SOLIDARIDAD EN LO DIVERSO

El concepto de apropiación es muy controvertido. De hecho, es uno de los nudos conceptuales en los actuales debates culturales. Hoy está muy extendida la idea de que quien hace apropiaciones culturales es culpable de un delito: los miembros de una cultura dominante se aprovechan de las creaciones de culturas marginadas para alardear de ellas sin profesar el debido respeto hacia sus verdaderos creadores. Hoy se alzan muchas voces de protesta contra esta cultura de la apropiación expoliadora, voces que tratan de proscribir y prohibir las apropiaciones.[1] Espero haber mostrado que es fácil entender el sentido de estas protestas. Ya intuitivamente entendemos bien que los blancos no deben disfrazarse de negros practicando el *blackfacing*, y también nos resulta evidente que, desde Al Jolson y Elvis, la apropiación blanca de la música negra refleja y consolida un régimen de poder injusto. Sin embargo, también entendemos bien que

1   Así lo hacen dos libros recientes: Lauren Michele Jackson, *White Negroes. When Cornrows Were in Vogue... and Other Thoughts on Cultural Appropriation*, Boston, Beacon Press, 2019; Paisley Rekdal, *Appropriate. A Provocation*, Nueva York, Norton, 2021.

una proscripción general de toda apropiación cultural provoca un malestar espontáneo, pues es del todo inconcebible una cultura que no se haya generado por apropiación de formas culturales previas. En definitiva, quien declara que la apropiación es un delito que básicamente hay que prohibir priva a la cultura de todo dinamismo y de toda vitalidad.

Por tanto, la pregunta que aquí se plantea es: ¿cómo hacer una crítica de las formas ilícitas de apropiación que, sin embargo, no cuestione el propio procedimiento de apropiación en cuanto tal, sino que, al contrario, lo reconozca y celebre como motor de todo desarrollo cultural? ¿Cómo hacer una ética de la apropiación que distinga entre las formas lícitas y las formas ilícitas de apropiación, y las perfile conceptualmente contrastando unas con otras?

Las teorías de Paul Gilroy y de Édouard Glissant, de Judith Butler, de Gilles Deleuze y de Félix Guattari nos han ofrecido nociones más diferenciadas de apropiación. No es casualidad que todos ellos, por su parte, se inspiren en prácticas culturales que, en el sentido más amplio, se asocian con la época de la posmodernidad en los años setenta y ochenta del siglo pasado.[2] En aquella época, la apropiación aún no tenía la mala fama que tiene hoy. Al contrario, se consideraba una noción emancipadora. La apropiación y el robo no

2   Sobre las fuentes de inspiración de Judith Butler en la cultura pop, cf. el instructivo texto de Heide Volkening, «Appropriation und Begehren», en: *Merkur. Zeitschrift für europäisches Denken* 852 (mayo de 2020) (https://www.merkur-zeitschrift.de/artikel/popkolumne-a-mr-74-5-51/ [último acceso: 8 de junio de 2023]).

se consideraban sacrilegio, sino virtud. Toda propiedad es robo: esta era la máxima del *appropriation art*. Este arte consideraba un deber estético robar, citar, apoderarse de la propiedad ajena. Que el *appropriation art* acreditara su propio carácter derivado emprendiendo una ofensiva contra el arte tradicional se consideraba señal de que reflexionaba sobre sí mismo, igual que se consideraba que, si los sujetos son conscientes de que ellos mismos están hechos de muchas influencias, eso es señal de que han reflexionado sobre sí mismos. En el *appropriation art*, artistas como Dara Birnbaum, Cindy Sherman o Sherrie Levine mostraban que toda identidad, todo autorretrato, toda escenificación de sí mismo resultan necesariamente de la apropiación de imágenes, patrones y modelos previamente dados. Y que la idea tradicional de un arte auténtico (y genial) se basa en un desconocimiento causado por prejuicios ideológicos, pues no hay obra de arte que no nazca de la apropiación de obras artísticas previas y que, en definitiva, no conste más que de citas, pastiches o parodias. Quien afirme otra cosa, miente: esta era la tesis. O mejor dicho: quien afirme otra cosa, estará ocultando su propio proceso de producción y de subjetivación, y estará negando las fuentes, las tradiciones y las inspiraciones que han convertido al yo (artístico) en lo que es.

Espero haber mostrado que de esta noción posmoderna de apropiación se puede aprender algo para los debates de nuestra época: nos ayuda a comprender dialécticamente las relaciones entre lo propio y lo ajeno, así como el régimen de poder bajo el que se desarrolla toda esa dialéctica. Ciertamente, ya en los años setenta y ochenta del siglo pasado hubo también una tradición de la apropiación que era diametralmente opuesta a esta tradición posmoderna. En aquella tradición, la apropiación tenía como objetivo, más bien, tratar de atenuar el sufrimiento que el consumismo causaba a la cultura de la sociedad capitalista alienante, apropiándose de otras formas culturales menos alienadas. Los fanes de Karl May en Bad Segeberg y en otros sitios no eran los únicos que se disfrazaban de «indios»: también lo hacían los *hippies* de todo el mundo. Los seguidores de las contraculturas trataban de hallar la salvación en la sabiduría espiritual del Lejano Oriente y buscaban la iluminación apropiándose del yoga hindú (de hecho, los apéndices de estas contraculturas y sus estratificaciones neoliberales lo siguen haciendo hasta hoy). La izquierda antiimperialista, por su parte, prefería identificarse con las luchas de liberación de los pueblos «sencillos», y aún no alienados, de las selvas tropicales y los desiertos del «tercer mundo». En aquella época, el *fashion item* favorito era el llamado «pañuelo de Arafat». En la lucha contra el imperialismo global, todos querían ser —de alguna manera— palestinos. En cierto modo, el líder de la Organización para la Liberación de Palestina, Yasser Arafat, no era más que el Winnetou de la cultura alternativa de izquierda.[3]

3   Cómo se reflejó esto en la historia del antisemitismo de izquierdas en Alemania lo he explicado en: Jens Balzer, *High Energy. Die Achtziger – das pulsierende Jahrzehnt*, Berlín, Rowohlt, 2021, pp. 37-42.

Así pues, ya en la época de la posmodernidad se manifestaba aquel cisma de la apropiación que sigue repercutiendo hasta hoy. En un caso, la apropiación pasa a ser el signo conceptual de que no hay nada auténtico; en el otro caso, lo que se revela en la apropiación es justamente lo contrario: un deseo de autenticidad. El *hip hop* de los años ochenta y comienzos de los noventa ofreció una tercera forma de apropiación. Se trataba de emplear citas y *sampleados* para desarrollar una historia alternativa de la cultura pop: una historia que mostrara las tradiciones negras, pero sin su falseamiento por la apropiación blanca. He descrito esto como una praxis de contra-apropiación, *counter appropriation:* los sujetos artísticos vuelven a apropiarse de lo que la historiografía oficial blanca les había quitado, de aquello que les habían expropiado. Así pues, también la «propia» cultura aparece aquí como algo de lo que siempre hay que volver a apropiarse de nuevo, porque ya se les ha vuelto extraño a los miembros de esa misma cultura: también la contra-apropiación es una apropiación.

En los debates actuales, la apropiación cultural se discute sobre todo con un ánimo prohibitorio, lo cual refleja la voluntad de oponerse a una cultura que se percibe como hegemónica y que explota a las minorías apropiándose de su cultura. Sin embargo, es innegable que, quien se declara así intercesor de grupos marginados, no solo se mete él mismo y mete a esos grupos en el papel de víctimas débiles sin capacidad de acción —como ha criticado con razón, por ejemplo, el teórico del poscolonialismo Homi K.

Bhabha—,[4] sino que se apropia para «su» cultura justamente de aquella autenticidad que los apropiadores blancos de generaciones anteriores habían atribuido a esos grupos marginados con el propósito de explotarlos. Así pues, esta crítica a la apropiación se basa ya, por su parte, en un desconocimiento. No es casual que esta crítica goce de tanta popularidad justamente en una fase histórica en la que el intercambio, la interpenetración y la hibridación —o como diría Édouard Glissant, la «criollización»— de todas las culturas han alcanzado dimensiones globales. Se trata, por tanto, de una lucha de defensa, pero de una lucha de defensa que, en su rechazo de lo distinto, desconoce la hibridación constitutiva de lo propio.

Como dijo una vez Foucault, no existe un fuera del poder.[5] A lo que podríamos añadir: tampoco existe un fuera de la apropiación. Sucede incluso que toda forma cultural emancipadora es forzosamente una nueva forma diversa, y por tanto apropiadora. Por eso, una ética de la apropiación no debería elaborarse en forma de prohibición, sino más bien en forma de imperativo: ¡aprópiate! ¡Pero hazlo lícitamente! Es decir: aprópiate, pero reflexiona al mismo tiempo sobre el régimen de poder que se refleja en la apropiación. A

4   Cf. Salome Asega, Homi K. Bhabha, Gregg Bordowitz, Joan Kee, Michelle Kuo, Ajay Kurian y Jacolby Satterwhite, «Cultural Appropriation. A Roundtable», en: *Artforum* 55/10 (2017) (https://www.artforum.com/print/201706/cultural-appropriation-a-roundtable-68677 [último acceso: 8 de junio de 2023]).

5   Michel Foucault, «Poderes y estrategias», en *id.*, *Microfísica del poder*, Madrid, Ediciones de La Piqueta, 1979, pp. 163-174, aquí: p. 170.

la crítica le corresponde entonces la tarea de distinguir entre formas fallidas y formas logradas de apropiación, y entre formas fallidas y formas logradas de crítica a la apropiación. He tratado de dar algunas propuestas para esta distinción. Formas fallidas de apropiación serían, por consiguiente, aquellas en las que se consume una —presunta— autenticidad, o incluso traumas y opresiones ajenas. Formas fallidas de crítica a la apropiación son aquellas en las que se apela a una supuesta autenticidad cultural intocable, ya sea la autenticidad de la cultura «propia», que hay que defender de que la roben «otros», ya sea la presunta autenticidad de una cultura «ajena», que sería objeto de apropiación para enriquecimiento de la vida del apropiador.

Por el contrario, formas logradas de apropiación son aquellas en las que de la confluencia de diversas influencias surge algo nuevo: algo nuevo donde se visibilizan los elementos de los que se compone una obra de arte, un motivo cultural o una escenificación de sí mismo, y donde se reflexiona sobre esos elementos. Formas logradas de crítica a la apropiación son, justamente, aquellas que no se limitan a prohibir toda apropiación, sino que reaccionan a apropiaciones explotadoras haciendo por su parte contra-apropiaciones: reapropiándose de motivos y de modelos expropiados, con el fin de que prosiga la tradición «propia», pero de tal modo que esta tradición propia se siga reconociendo como compuesta de influencias, como intrínsecamente dinámica y como inauténtica.

Solo con esta praxis crítica de la contra-apropiación se puede llegar a comprender el régimen de poder en el que se desarrollan las culturas y la cultura en general. Ese régimen de poder no solo se expresa en forma de explotación de una cultura por otra, sino, sobre todo, en que toda forma de jugar libremente con la diversidad es constreñida dentro de unas barreras que, por un lado, siempre hacen posible aparentar lúdicamente nuevas liberaciones (con lo cual se puede mantener y aumentar el beneficio que producen las provocaciones culturales), pero desde las cuales, por otro lado, debe lucharse incesantemente por el reconocimiento real. Divide y vencerás: en su modalidad prohibitoria, la crítica a la apropiación, sin reflexionar sobre sí misma, se asimila al discurso hegemónico de la fragmentación neoliberal y a la consiguiente falta de solidaridad más de lo que estaría dispuesta a reconocer. A esa crítica habría que oponerle una ética de la apropiación, una ética consciente de que ningún régimen cultural y ningún régimen de identidad son originales; una ética que abrace con alegría lo extraño en lo propio, y a la que le importe más la solidaridad en lo diverso que la lucha de todos contra todos.